NOUVELLE ENCYCLOPÉDIE DU SAVOIR RELATIF ET ABSOLU

Copyright © Éditions Albin Michel et Bernard Werber - Paris 2009
Korean Translation Copyright © The Open Books Co., 2013
This Comic Book Adaptation Copyright © The Open Books Co. and Kim Su-bak, 2013
All rights reserved.
This edition published by arrangement with Éditions Albin Michel through Shin Won Agency Co.

이 책의 한국어판 저작권은 신원 에이전시를 통해 저작권자와 독점 계약한 ㈜열린책들이 소유합니다.
신 저작권법에 의하여 한국 내에서 보호를 받는 저작물이므로 무단 전제와 무단 복제, 전자 출판 등을 금합니다.

이 책은 실로 꿰매어 제본하는 정통적인 사철 방식으로 만들어졌습니다.
사철 방식으로 제본된 책은 오랫동안 보관해도 손상되지 않습니다.

김수박 만화

만화
베르나르 베르베르의
상상력 사전 ₃

더 깊고 풍부해진 상대적이며 절대적인 지식의 백과사전

이 책은 『베르나르 베르베르의 상상력 사전』(열린책들 발행)을 원작으로 하였습니다.

베르나르 베르베르

베르나르 베르베르는 일곱 살 때부터 단편소설을 쓰기 시작한 타고난 글쟁이다. 1961년 프랑스 툴루즈에서 태어났으며, 법학을 전공하고 국립 언론 학교에서 저널리즘을 공부했다. 저널리스트로 활동하면서 과학 잡지에 개미에 관한 평론을 발표해 오다가, 1991년 120여 차례의 개작을 거친 『개미』를 출간, 놀라운 과학적 상상력으로 전 세계 독자들을 사로잡으며 단숨에 수놇받는 〈프랑스의 천재 작가〉로 떠올랐다. 이후 『타나토노트』, 『뇌』, 『나무』, 『파피용』, 『신』, 『제3인류』 등을 발표해 세계적 베스트셀러가 되었다. 그의 작품은 전 세계적으로 35개 언어로 번역되었으며, 2천만 부 이상 판매되었다.

만화가 김수박

1974년 대구에서 태어났으며 건축공학을 전공했다. 대학신문에 시사만화를 연재하면서 만화가로서의 삶을 시작했다. 만화로 마음을 표현함으로써 건강한 정신과 행복을 얻고 있다. 『오늘까지만 사랑해』, 『아날로그맨』, 『사람의 곳으로부터』, 『내가 살던 용산』(공저), 『빨간 풍선』, 『사람 냄새』 등의 작품이 있다. 『아날로그맨』은 프랑스에서 『Quitter la ville』라는 제목으로 번역 출간되었다. 앞으로 〈죽을 때까지〉 다양한 만화 작업을 할 생각이며 계속해서 기대와 관심을 기다린다고, 지켜봐 달라고……. www.kimsubak.com

옮긴이 이세욱

1962년 충북 음성에서 태어나 서울대학교 불어교육과를 졸업하였으며, 현재 전문 번역가로 활동하고 있다. 옮긴 책으로 베르나르 베르베르의 『제3인류』, 『웃음』, 『신』(공역), 『인간』, 『나무』, 『상대적이며 절대적인 지식의 백과사전』, 『베르나르 베르베르의 상상력 사전』(공역), 『뇌』, 『타나토노트』, 『아버지들의 아버지』, 『천사들의 제국』, 『여행의 책』, 움베르토 에코의 『프라하의 묘지』, 『로아나 여왕의 신비한 불꽃』, 『세상의 바보들에게 웃으면서 화내는 방법』, 『세상 사람들에게 보내는 편지』(카를로 마리아 마르티니 공저), 장클로드 카리에르의 『바야돌리드 논쟁』, 미셸 우엘벡의 『소립자』, 미셸 투르니에의 『황금 구슬』, 카롤린 봉그랑의 『밑줄 긋는 남자』, 브램 스토커의 『드라큘라』, 파트리크 모디아노의 『우리 아빠는 엉뚱해』, 장자크 상페의 『속 깊은 이성 친구』, 에릭 오르세나의 『오래오래』, 『두 해 여름』, 마르셀 에메의 『벽으로 드나드는 남자』, 장크리스토프 그랑제의 『늑대의 제국』, 『검은 선』, 『미세레레』, 드니 게즈의 『머리털자리』 등이 있다.

옮긴이 임호경

1961년에 태어나 서울대학교 불어교육과를 졸업했다. 파리 제8대학에서 문학 박사 학위를 취득했으며, 현재 전문 번역가로 활동하고 있다. 옮긴 책으로는 조르주 심농의 『갈레 씨, 홀로 죽다』, 『누런 개』, 『센 강의 춤집에서』, 『리버티 바』, 『마제스틱 호텔의 지하』, 요나스 요나손의 『창문 넘어 도망친 100세 노인』, 『셈을 할 줄 아는 까막눈이 여자』, 『킬러 안데르스와 그의 친구 둘』, 베르나르 베르베르의 『신』(공역), 『카산드라의 거울』, 피에르 르메트르의 『오르부아르』, 엠마뉘엘 카레르의 『러시아 소설』, 앙투안 갈랑의 『천일야화』, 로렌스 베누티의 『번역의 윤리』, 스티그 라르손의 〈밀레니엄 시리즈〉, 파울로 코엘료의 『승자는 혼자다』, 기욤 뮈소의 『7년 후』 등이 있다.

만화 베르나르 베르베르의 상상력 사전 3

지은이 베르나르 베르베르 **그린이** 김수박 **발행인** 홍예빈·홍유진 **발행처** 주식회사 열린책들 **주소** 경기도 파주시 문발로 253 파주출판도시
대표전화 031-955-4000 **팩스** 031-955-4004 **홈페이지** www.openbooks.co.kr Copyright (C) 열린책들·김수박, 2013, Printed in Korea.
ISBN 978-89-94041-61-2 07860 ISBN 978-89-94041-44-5(세트) **발행일** 2013년 10월 10일 초판 1쇄 2023년 2월 10일 초판 7쇄

이 도서의 국립중앙도서관 출판예정도서목록(CIP)은 서지정보유통지원시스템 홈페이지(http://seoji.nl.go.kr)와 국가자료공동목록시스템(http://www.nl.go.kr/kolisnet)에서 이용하실 수 있습니다.(CIP제어번호 : CIP2013019065)

차례

- 8 들어가며: 알지 못하는 것을 마주할 때의 두려움
- 12 머피의 법칙
- 16 인류의 자존심을 상하게 한 세 사건
- 18 마술사
- 22 만약 우주에 우리밖에 없다면?
- 25 사랑의 네 가지 방식
- 27 일리히의 법칙
- 29 그리스의 창세기
- 33 크로노스
- 36 3보 전진, 2보 후퇴
- 38 티폰
- 41 역사를 보는 눈
- 43 거울
- 45 헤파이스토스
- 48 포세이돈
- 53 러시아 인형 마트료시카
- 56 불안
- 57 아레스
- 61 142,857
- 62 헤르메스
- 66 레비아단
- 68 데메테르
- 72 침팬지들을 상대로 한 실험

76 노스트라다무스	147 레밍
81 아틀란티스	149 말에게 속삭이는 사람
83 아프로디테	151 헤라
88 벼룩의 자기 제한	155 스핑크스
89 도곤 부족	158 피터의 원리
93 받아들이기	160 제우스
94 삼매	165 검투사
98 시시포스	169 판도라
101 밀레투스	173 네로
105 수메르와 태양계의 또 다른 행성	178 아폴론
109 헤라클레스	181 타지마할
113 선발	185 니므롯 왕
115 아르키메데스	188 자긍심
119 페리숑 씨의 콤플렉스	191 오이디푸스
122 메두사	195 인간의 멍청함
124 델포이	199 하데스
129 프로메테우스	201 오르페우스
132 릴리트	205 세 개의 체
134 영혼 진화의 세 단계	207 고양이와 개
135 십계명	208 자아 성찰의 계기
137 아나키즘 운동	211 장미 십자회식 충고
140 사마귀	214 모든 것
142 시각화	
144 마사다	

들어가며:
알지 못하는 것을 마주할 때의 두려움

미지의 것이 적대적일지라도 일단 정체가 밝혀지면
인간은 안도감을 느끼게 되죠.
반면에 정체를 알지 못하면,
상상을 통해 두려움을 부풀리는
과정이 촉발됩니다.

미지의 존재와 마주하고 있다고 생각하면서,
사실은 자신의 무의식이 지어내는 환상적인
괴물과 대면하는 것입니다.

하지만 바로 이런 순간에 인간의 정신이 최고 수준으로 기능하는 뜻밖의 현상이 벌어지기도 합니다.

머피의 법칙

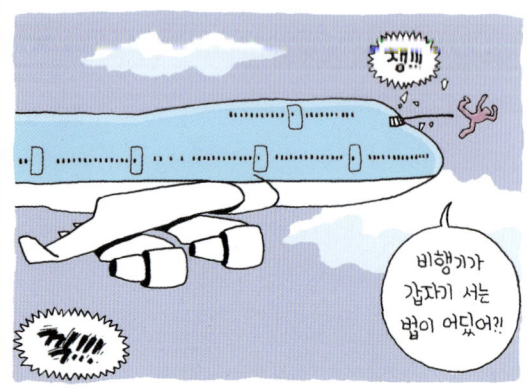

MX981이라고 불리던 이 프로젝트는 급격한 감속이 일어났을 때의 관성력을 인간이 얼마나 견뎌 낼 수 있는가를 시험하는 것이었습니다.

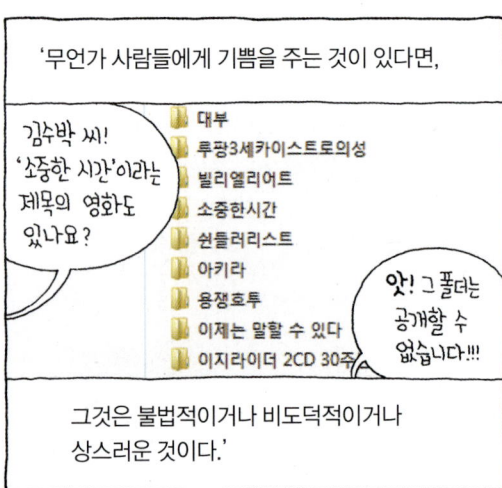

인류의 자존심을 상하게 한 세 사건

마술사

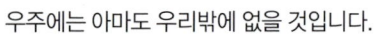

사랑의 네 가지 방식

나는 **사랑받고 싶다**. 이는 아이의 단계입니다. 아기에게는 어루만져 주는 것이 필요합니다. 주위 사람들에게 '내가 사랑스러운가요?'라고 물으면서 사랑의 증거를 원합니다.

처음엔 주위 사람들에게, 나중에는 본받고 싶은 '특별한 타인'에게 사랑을 확인하려고 합니다.

둘째 단계 : **나는 사랑할 수 있다.** 어른의 단계입니다. 사람들은 자기가 남을 생각하며 감동할 수 있고 자신의 감정을 외부에 투사할 수 있다는 사실을 발견합니다.

자신의 애정을 특별한 존재에게 집중할 수 있다는 것도 알게 됩니다. 그 느낌은 사랑받는 것보다 한결 흐뭇하죠.

사랑을 하면할수록 엄청난 힘이 있음을 깨닫습니다.

그 기분에 취하면 마치 마약에 중독된 것처럼 사랑하지 않고는 살 수 없게 됩니다.

셋째 단계 : **나는 나를 사랑한다.** 자신의 애정을 남에게 투사하고 나면 그것을 자신에게 쏟을 수 있다는 것을 깨닫게 됩니다.

이 단계의 사랑은 앞의 두 단계와 비교할 때 한 가지 장점이 있습니다.

사랑을 받기 위해서든 주기 위해서든 남에게 의존하지 않아도 되고, 사랑을 주거나 받는 존재에게 실망하거나 배신당할 염려도 없다는 점입니다.

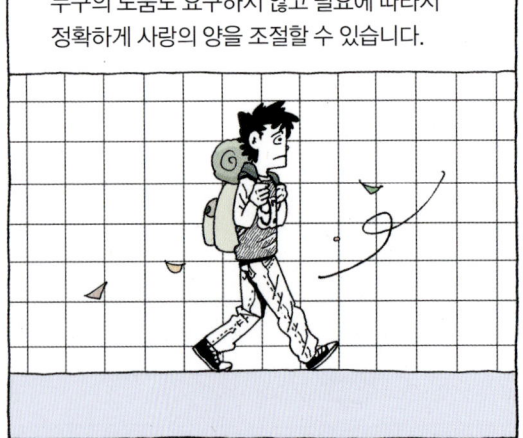

누구의 도움도 요구하지 않고 필요에 따라서 정확하게 사랑의 양을 조절할 수 있습니다.

넷째 단계 : **보편적인 사랑.** 이는 무제한의 사랑입니다. 애정을 받고 남에게 투사하고 자기 자신을 사랑하고 나면,

사랑을 자기 주위의 사방팔방으로 전파하기도 하고 사방팔방에서 받아들이기도 합니다.

이 보편적인 사랑을 부르는 이름은 생명, 자연, 대지, 우주, 기, 신 등 사람에 따라 달라질 수 있습니다.

이 개념을 자각하게 되면 정신의 지평이 넓어집니다.

우리는 몇 단계의 사랑을 하고 있는 걸까요?

일리히의 법칙

이반 일리히는 오스트리아의 유대인 가정에서 태어난 사회사상가입니다.

1960년 교회 정책에 반대하며 사제직에서 물러나고 '국제 문화자료센터'를 설립하여 산업 사회에 대한 비판적 분석에 몰두했습니다.

그는 『공생을 위한 도구』에서 인간의 자율적인 행위가 교환되는 공생의 사회를 주창했습니다.

그는 그의 이름을 딴 '일리히의 법칙'으로도 잘 알려져 있습니다.

일리히의 법칙은 이렇게 나타낼 수 있습니다.

그리스의 창세기

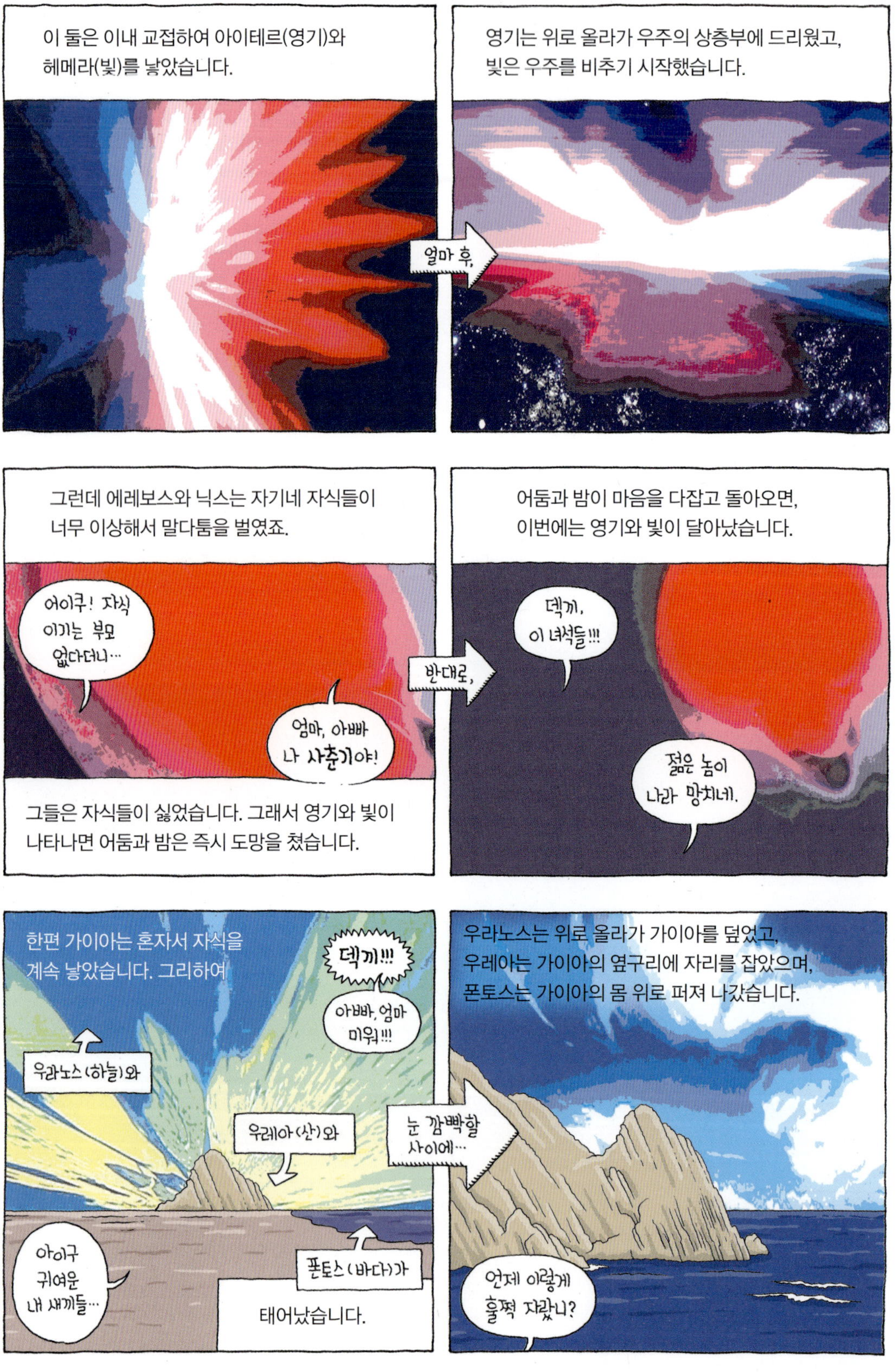

크로노스

아이가 태어나자, 레아는 어머니 가이아가 일러 준 계책대로,

크로노스는 강보에 싼 돌을 새로 태어난 아기로 여기고 삼켜 버렸죠.

덕분에 살아남은 제우스는 나무가 울창한 산기슭의 동굴에서 자랐습니다.

아이를 보살피는 요정들은 아이가 울거나 소리를 지르려 할 때마다, 크로노스의 귀에 들리지 않도록 노래를 부르거나 창으로 방패를 두드렸습니다.

제우스는 빠르게 자라나 성년에 다다랐습니다. 그는 감칠맛 나는 술을 아버지에게 마시게 했습니다.

이 술에는 먹은 것을 토하게 하는 무시무시한 약이 들어 있었습니다.

아들의 꾀에 넘어간 크로노스는 자신이 삼켰던 돌과 다섯 자식을 차례차례 토해 냈습니다.

제우스와 그의 형제자매는 아버지가 다시 덤벼들기 전에 올림포스 산꼭대기로 피신했죠.

처음엔 노련한 티탄들이 우세를 보였습니다.

그런데 티탄 가운데 하나인 프로메테우스가 제우스 편을 들며 아낌없는 조언을 해주었죠.

그는 외눈박이 키클롭스들과 팔이 백 개 달린 헤카톤케이레스를 동맹군으로 삼으라고 일렀습니다.

그들은 아주 훌륭한 동맹군이었습니다. 그들은…

제우스에게 천둥과 번개를 주고, 포세이돈에게는 삼지창을, 하데스에게는 쓰기만 하면 눈에 보이지 않게 하는 투구를 주었습니다.

이 전쟁은 올림포스 신들의 승리로 끝났습니다. 패배한 티탄들은 세상에서 가장 깊은 곳, 지하의 명계보다 아래에 있는 타르타로스에 갇혔습니다.

3보 전진, 2보 후퇴

3보 전진, 2보 후퇴가 바로 그 리듬입니다.

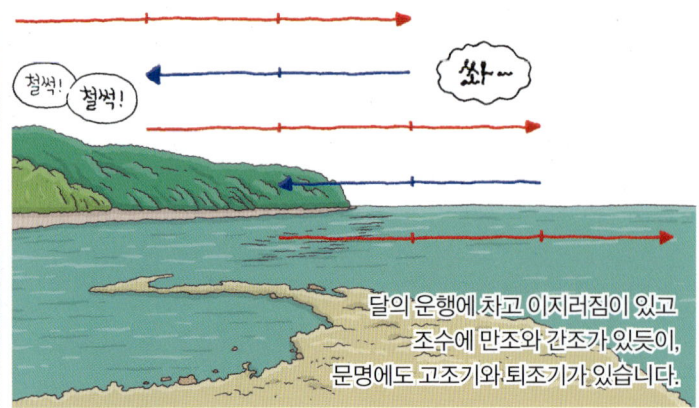

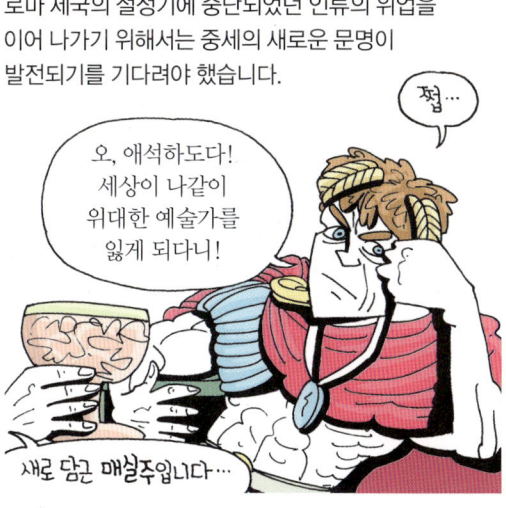

티폰

티탄들과의 전쟁을 승리로 이끌고 세계의 지배자가 된 제우스는 전쟁을 도와준 형제자매의 공로와 열성을 따져 역할과 영예를 배분했습니다.

포세이돈에게는 바다의 지배권이,

하데스에게는 저승의 지배권이 돌아갔습니다.

그리고 데메테르는 들판과 수확을,

헤스티아는 화덕을,

헤라는 가정을 관장하게 되었습니다.

역사를 보는 눈

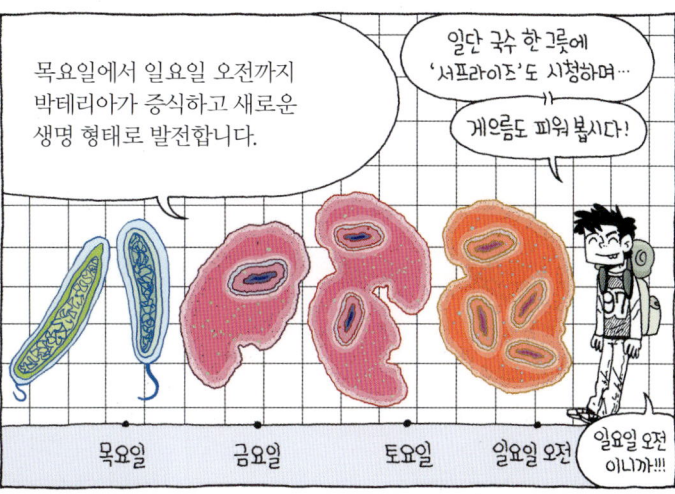

거울

우리는 타인의 시선에서 무엇보다 먼저 우리 자신의 상(像)을 찾습니다.

처음에는 부모의 시선에서,

그다음에는 친구들의 시선에서 우리 자신의 모습을 찾죠.

그러다가 우리는 자신의 참모습을 비춰 줄 하나뿐인 거울을 찾아 나섭니다. 사랑을 찾기 시작한다는 것이죠.

누구를 만나 첫눈에 반한다는 것은 알고 보면 '좋은 거울'의 발견을 의미하는 경우가 많습니다.

그럴 때 우리는 상대의 시선을 보면서 자신을 사랑하려고 노력합니다.

평행한 두 거울이 기분 좋은 상을 비춰 주는 마법의 시간이 펼쳐지는 것입니다.

'좋은 거울'을 찾아내면 우리는 다수의 존재로 바뀌고 우리에게 무한한 지평이 열립니다.

헤파이스토스

헤파이스토스를 낳았습니다. 이 이름은
'불타는 자' 또는 '빛나는 자'를 뜻합니다.

헤라의 배 속에서 나온 아기는 허약하고 흉했습니다.
헤라는 그것을 수치스럽게 여겨 아이를 죽이려고
올림포스 산 꼭대기에서 바다로 던져 버렸습니다.

아이는 섬에 떨어져 살았지만,
한쪽 다리가 부러졌고 그 때문에
영원히 절름발이가 되었습니다.

바다의 정령인 테티스와 에우리노메는

아기를 거두어 바닷속의 동굴로 데려갔습니다.
헤파이스토스는 이 동굴에서 9년 동안 자라며
대장장이와 마법사의 일을 연마했습니다.

헤라는 수련을 끝낸 아들을 올림포스로 불러들이고,
스무 개의 풀무가 밤낮으로 가동되는
최고의 대장간을 마련해 주었습니다.

이 대장간에서 헤파이스토스는 금은 세공술과 마법의 걸작들을 만들어 냈습니다. 그는 불의 지배자이자 야금술과 화산의 신이 되었습니다.

그는 어머니에 대한 원망을 삭이지 못하고, 어머니를 겨냥한 함정을 고안했습니다. 앉기만 하면 마법의 사슬에 옥죄이는 황금 옥좌를 만든 것이었습니다.

헤라는 이 옥좌에 앉았다가 사슬에 묶이는 신세가 되었습니다. 그녀는 아들을 올림포스 신족의 온전한 일원으로 받아들이겠다고 약속해야만 했습니다.

그때부터 그는 올림포스의 모든 신을 위해 자기 솜씨를 발휘했습니다.

그는 진흙을 빚어 최초의 여자 판도라를 만들기도 했고,

또 아킬레우스에게 방패를 만들어 주기도 했습니다. 아킬레우스는 이 방패를 가지고 많은 전투에서 승리를 거두었습니다.

황금으로 여자 모양의 자동 기계 장치를 제작하여 조수로 쓰기도 했습니다.

포세이돈

인간들이 모여 도시를 건설할 때, 신들은 저마다 자기가 지배할 도시를 선택하기로 했습니다.

포세이돈은 아테네를 점찍고 삼지창을 던져

아크로폴리스에 바닷물이 솟게 했습니다.

그런데 얼마 안 가서 아테나 여신이 이 도시가 자기 것이라고 주장했습니다. 분개한 포세이돈은 높은 파도를 몰고 와서 이 도시를 공격했습니다.

아테나는 포세이돈과 협상을 벌였습니다.

포세이돈은 재난을 중단시켰고, 아테나는 그 대가로 모권 체제를 포기하고 포세이돈에 대한 숭배를 포함하는 부권 체제를 받아들이기로 했습니다.

아테네의 여자들은 투표권을 잃었고 아이들은 어머니의 성을 따르지 않게 되었습니다.

여신은 이것이 별로 마음에 들지 않았습니다.

제우스는 남매간에 전쟁이 벌어지는 것을 막기 위해 중재에 나서야만 했죠.

49

포세이돈은 바다의 노신(老神) 네레우스의 딸들 가운데 하나인 암피트리테와 결혼했습니다.

하지만 그는 여신들이며 요정들과 숱한 연애 행각을 벌였습니다.

그는 아프로디테가 아레스와 간통을 하다가 들켜서 궁지에 몰렸을 때 그녀 편에 서서 사태를 수습하는 데 기여했습니다.

그 뒤에 그는 아프로디테와 결합하여 로도스와 헤로필로스라는 두 딸을 낳았습니다.

가이아와 안타이오스라는 거인을 낳기도 했죠.

이 거인은 리비아의 사막에서 사자들을 잡아먹고 살았으며,

여행자들을 닥치는 대로 죽여서 그 시신을 아버지의 신전에 바쳤다고 합니다.

한편 포세이돈은 곡물의 여신 데메테르를 사랑하기도 했습니다.

포세이돈은 늘 자기 왕국을
넓히고 싶어 했습니다.

그래서 아폴론과 공모하여 제우스에게 맞섰습니다.

제우스는 그들을 벌하기 위해 트로이의
성벽 쌓는 일을 도우라고 명령했습니다.

트로이의 왕 라오메돈은 그들에게 약속했던
보수를 내놓으려고 하지 않았습니다.

포세이돈은 바다괴물을 보내
트로이를 유린했습니다.

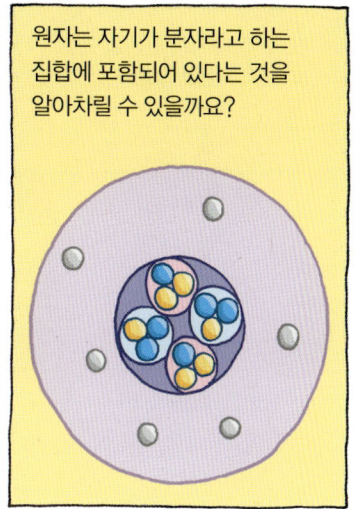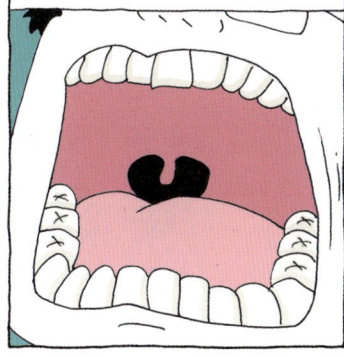

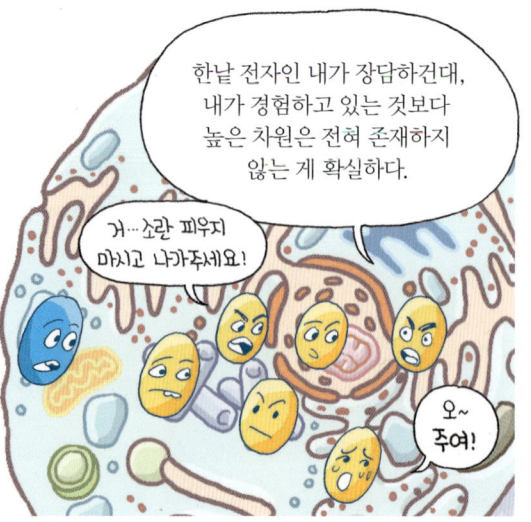

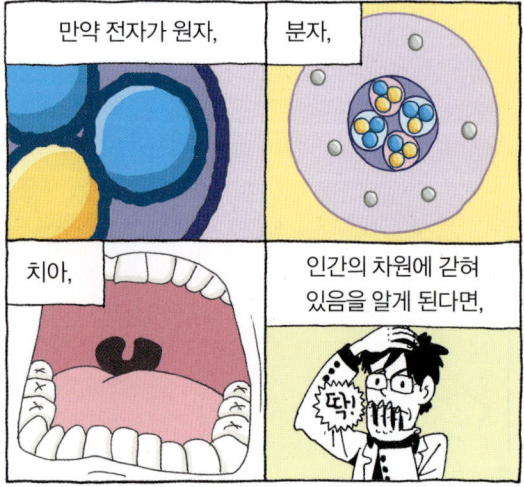

큰 것 속에 작은 것이 들어 있고, 작은 것 속에 더 작은 것이 들어 있는 러시아 인형 마트료시카. 우리는 우리를 초월하는 한 세트의 러시아 인형 속에 들어 있습니다.

불안

뇌의 전두엽 일부를 잘라 내어 정신병을 치료하는 이른바 '백질 절제술'에 관한 연구로 노벨 의학상을 받았습니다.

이 발견은 한 가지 중요한 점을 시사합니다.

미래를 생각하지 않는 것, 그것이 미래에 대한 불안을 줄이는 길입니다.

오늘날 이 무시무시한 백질 절제술은 시행되지 않습니다.

아레스

포세이돈의 아들인 두 거인이 감히 신들에게 대항하기로 하고 헤라와 아르테미스에 대한 탐심을 드러냈을 때, 아레스는 여신들을 보호하겠다고 나섰다가

오히려 그들에게 붙잡혀서 청동 항아리에 갇히는 신세가 되었습니다.

그는 13개월 동안이나 갇혀 있다가 헤르메스의 도움을 받고서야 풀려났습니다.

아프로디테가 그와 바람이 났을 때, 남편 헤파이스토스는 두 연인에게 마법의 그물을 던져 꼼짝 못하게 해놓고는

올림포스의 신들을 모두 불렀습니다.

142,857

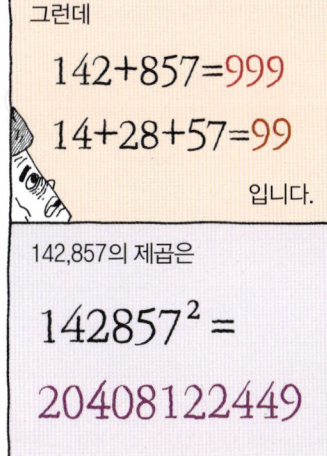
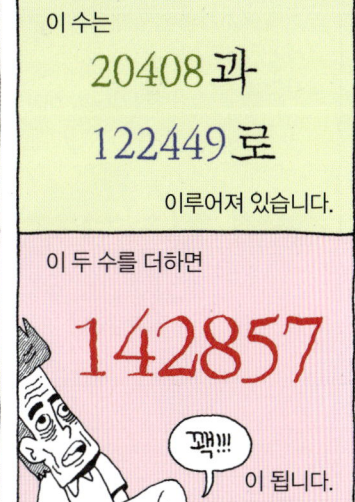

헤르메스

마찬가지로 헤르메스는 목신 판에게 피리를 주는 대가로 세가닥의 하얀 끈이 달린 지팡이를 얻었습니다.

덕분에 올림포스의 전령으로 임명되었죠.

헤르메스는 여러 명의 자식을 낳았습니다.
아프로디테와는 헤르마프로디토스를
낳았습니다.

헤르메스와 아프로디테의 이름을 합쳐 놓은
헤르마프로디토스는 양성을 한꺼번에
지닌 존재였습니다.

키오네와는 아우톨리코스를 낳았습니다.
이 아우톨리코스는 나중에 『오디세이아』의 영웅
오디세우스의 할아버지가 되었습니다.

고대 그리스인들은 헤르메스를
널리 숭배했고, 모든 교차로에
길안내 푯말과 더불어
그의 신상을 세웠습니다.

후대에 이르러 헤르메스는 이동하는 것을 관장하는 신으로
간주되었고, 마법사와 배우와 사기꾼의
신으로 여겨지기도 했습니다.

65

데메테르

데메테르는 크로노스와 레아의 둘째 딸입니다.
따라서 제우스에게는 누나가 되죠.

어느 날 페르세포네는 영원한 봄의 초원에서 수선화를 꺾고 있었습니다.

그때 땅이 갈라지고 명계의 왕 하데스가 검은 마차를 타고 나타났습니다.

그는 조카인 페르세포네에게 홀딱 반하여 오래전부터 그녀를 납치하려고 기회를 엿보고 있던 터였습니다.

데메테르는 딸을 찾기 위해서 9일 동안 밤낮없이 온 세상을 돌아 다녔습니다.

열흘째 되던 날, 헬리오스가 납치자의 이름을 알려 주었습니다.

분개한 데메테르는 하데스가 딸을 돌려주기 전에는 올림포스로 돌아가지 않기로 결심하고 켈레오스 왕이 다스리던 엘레우시스로 갔습니다.

수확의 여신이 그렇게 제자리를 떠나자,

대지는 불모의 땅으로 변했습니다.

나무들은 더 이상 열매를 맺지 않았고,

풀들은 시들었죠.

제우스는 헤르메스를 시켜…

침팬지들을 상대로 한 실험

비어 있는 방에 침팬지 다섯 마리를 들여보냅니다.

방 한복판에는 사다리가 세워져 있고

그 꼭대기에는 바나나가 놓여 있습니다.

한 침팬지가 바나나를 발견하고 그것을 먹기 위해 사다리로 기어오릅니다.

하지만 침팬지가 바나나에 다가가자마자 천장에서 찬물이 분출하여

침팬지를 떨어뜨립니다.

다른 침팬지들도 사다리를 타고 올라가 바나나를 잡아 보려고 하죠.

모두가 찬물을 뒤집어 쓰고

결국 바나나를 차지하겠다는 생각을 포기합니다.

그다음에는 천장에서 찬물이 분출하지 않게
해놓고 물에 젖은 침팬지 한 마리를
다른 침팬지로 대체합니다.

새 침팬지가 들어오자마자
침팬지들은 사다리로
올라가는 것을 말립니다.

저희 나름대로 새 침팬지가 찬물을
뒤집어쓰지 않게 하려고 애쓰는 것이죠.

새 침팬지는 그들의 행동을
이해하지 못합니다.

그저 다른 침팬지들이 자기가 바나나를
먹지 못하도록 방해하는 것으로 보일 뿐입니다.

그래서 그는 완력을 쓰기로 하고
자기를 제지하려는
침팬지들과 싸웁니다.

하지만 한 마리 대(對) 네 마리의 싸움이라서
새 침팬지는 뭇매를 맞고 맙니다.

다시 물에 젖은 침팬지 한 마리를
새 침팬지로 대체합니다.

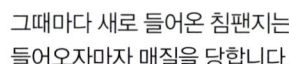

아틀란티스

아틀란티스에 관한 신화는 플라톤이 기원전 360년경에 쓴 두 대화편을 통해 전해졌습니다.

그중 하나는 우주의 기원을 설명하는 대화편 『티마이오스』이고, 다른 하나는…

아틀란티스에 관한 전설을 주로 다룬 대화편 『크리티아스』입니다.

우리가 가야 할 바로 그 곳!

오… 잃어버린 낙원, 아틀란티스!

다른 길로 갈까?

이 문헌들은 아테네의 입법자 솔론이 이집트의 사제에게서 들었다는 이야기를 전하는 식으로 되어 있습니다.

그 이야기에 따르면 아틀란티스라는 신비한 섬은 '헤라클레스의 기둥들', 즉 오늘날의 지브롤터 해협 너머의 대서양에 있었습니다.

수도는 지름 1백 스타디온(약 18.5킬로미터)의 동그라미 모양이었죠.

이 도시에는 세 개의 수로가 동심원을 그리며 나 있었고

한복판에는 작은 섬이 있었습니다.

신들이 지상 세계를 나누어 가질 때 아틀란티스는 포세이돈의 차지가 되었습니다.

나는 바다의 왕이니까!

우하하하…

포세이돈은 이 섬의 처녀 클리토를 사랑하여 도시 한 복판에 궁궐을 짓고 오랫동안 함께 살았습니다.

얼마전에는 데메테르에게 치근덕거리더니!!!

난봉꾼!!!

미안해…

그들은 다섯 번이나 쌍둥이를 낳았고, 이 열 명의 아들은 섬을 10등분하여 저마다 한 구역을 다스리는 왕이 되었습니다.

아프로디테

피와 정액과 바닷물의 혼합물에서 거품이 솟아났고, 이 거품은 서풍 제피로스가 일으킨 물결에 실려

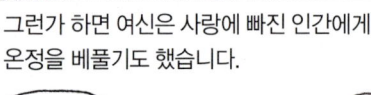

벼룩의 자기 제한

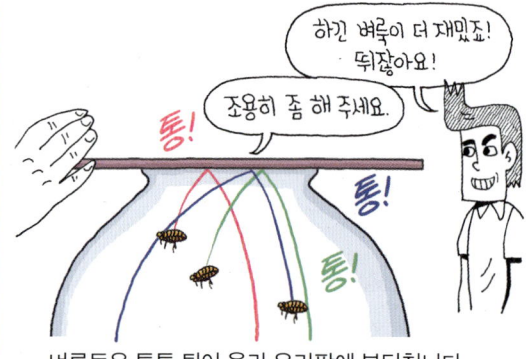

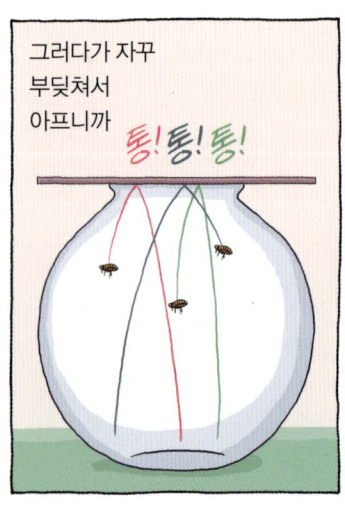

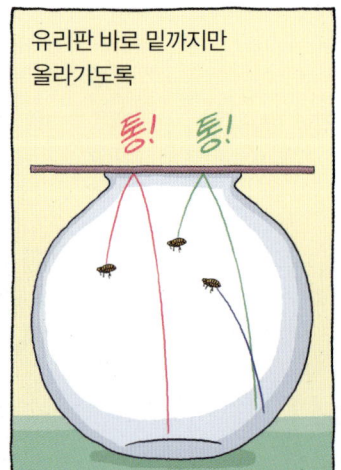

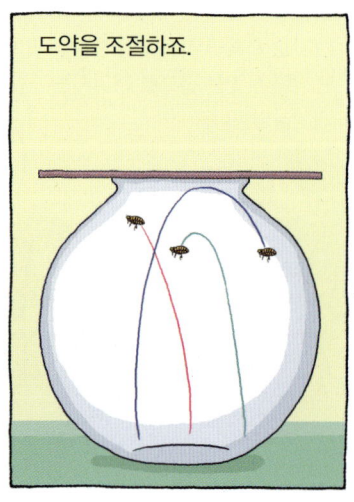

도곤 부족

하지만 지구는 메마른 불모의 행성이었습니다.
유루구는 태초의 알로 돌아가 태반을 가지고
자기 아내가 될 여자 야시구이를
만들었습니다.

유루구는 기세를 누그러뜨리지 않고 이번에는
태양의 한 조각을 떼어서 지구로 가져간 다음

그것을 조각내서 씨앗을 만들었습니다.

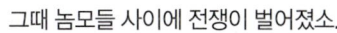

암마는 더 참지 못하고 그를
'창백한 여우'로 만들어 버렸죠.

그때 놈모들 사이에 전쟁이 벌어졌소.

그들은 앞 다투어 태초의 알에서 조각들을 떼어 냈소.

무엇보다 마르셀 그리올을 놀라게
한 것은 아주 오래된 천문도였습니다.

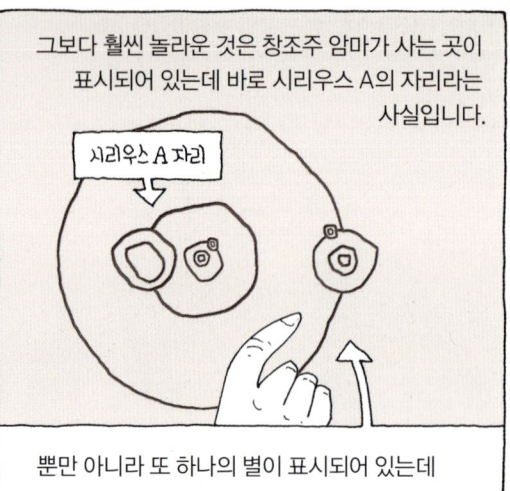

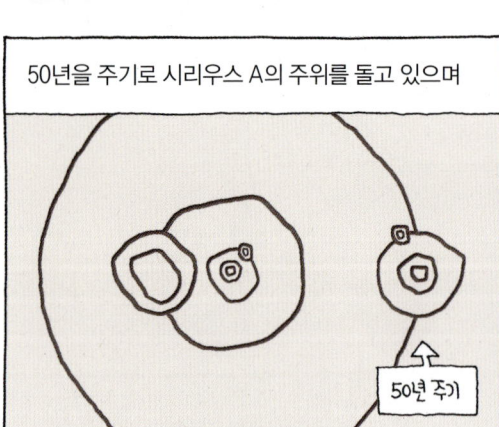

받아들이기

삼매

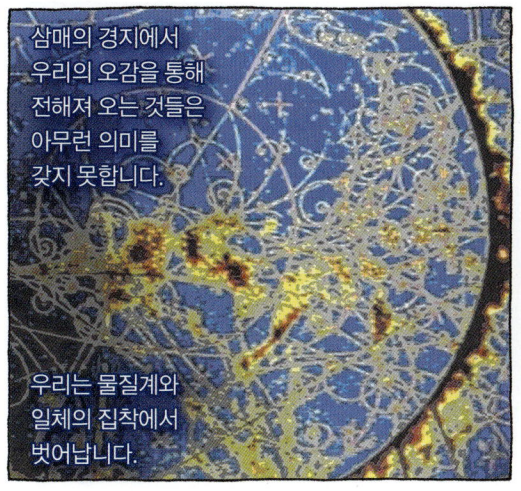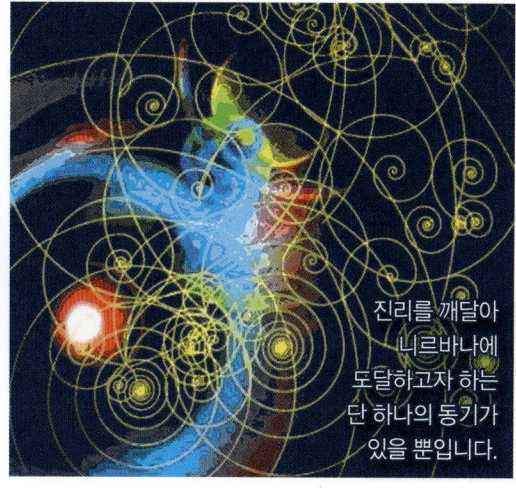

첫 번째 단계는 '무상(無相) 삼매'입니다.

이 단계에서는 우리의 마음을 구름이 끼지 않은 하늘과 같은 상태로 만들어야 합니다.

구름은 검은빛이든 잿빛이든 금빛이든 하늘을 흐리게 합니다.

우리의 생각은 구름과 같습니다.

구름이 나타나는 족족 몰아내어 하늘이 맑아지게 해야 합니다.

두 번째 단계는 '무향(無向) 삼매'입니다.

이 상태에서는 우리가 향하고 싶어 하는 특별한 길이 없고,

어떤 곳을 다른 곳보다 더 좋게 여기는 마음도 전혀 없습니다.

평평한 바닥에 놓여 있지만 어느 쪽으로도 굴러가지 않는 구체.

우리 마음은 바로 그런 구체와 같습니다.

세 번째 단계는 '공(空)의 삼매'입니다.

이 경지에 도달하면 모든 것이 동일한 것으로 지각됩니다.

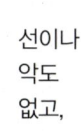
선이나 악도 없고,

유쾌한 것이나 불쾌한 것도 없으며,

과거나 미래도 없고,

가까운 것이나 먼 것도 없습니다.

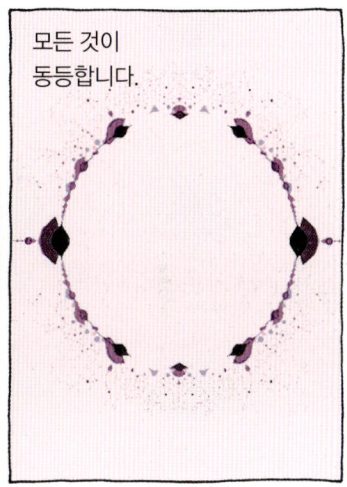
모든 것이 동등합니다.

그리고 모든 것이 동일하기 때문에 어느 것에 대해서도 다른 태도를 취할 까닭이 없습니다.

뿅!!!

베르베르 씨…?

……

… 또 길을 떠나야겠군.

시시포스

그는 아이올로스의 아들이며, 플레이아데스(아틀라스와 플레이오네의 딸들) 가운데 하나인 메로페의 남편입니다. 그는 코린토스라는 도시의 건설자이기도 하죠.

여행자들을 공격하고 재물을 갈취했습니다.

시시포스는 그런 해적질의 단계에서 점차 해상 무역의 단계로 넘어갔습니다.

하신(河神) 아소포스의 딸 아이기나를 납치해 가던 길이었습니다.

아소포스는 그 대가로 영원히 마르지 않는 샘을 그에게 선물했죠.

밀레투스

기원전 6세기경 소아시아 이오니아 지방의 밀레투스에서 최초의 과학 운동이 일어났습니다.

훗날 밀레투스보다 서쪽에 있는 아테네에서 소크라테스와 그의 제자 플라톤은

그리스 철학의 기원을 열었습니다.

플라톤은 대화편 가운데 하나인 『공화국』에서 인간이 살아가는 세계의 본질을 깨우쳐 주기 위해

'동굴의 비유'를 제시했습니다.

소크라테스와 제자 글라우콘이 나누는 허구적인 대화의 형식으로 되어 있는 이 이야기에 따르면,

그들은 손발이 묶여 있을 뿐만 아니라 머리도 동굴 안쪽 벽만 바라보도록 고정되어 있습니다.

그들의 등 뒤에서는 커다란 불이 일렁거립니다. 그 불빛 때문에 동굴 벽에 사물의 그림자가 드리워지죠. 그들은 그림자를 보면서 그것이 현실이라고 생각합니다.

하지만 그것은 한낱 허상일 뿐입니다.

수메르와 태양계의 또 다른 행성

수메르의 우주 생성 신화를 담고 있는 점토 서판들은 태양계에 우리가 알고 있는 행성들 말고 또 다른 행성이 있음을 암시하고 있습니다.

아제르바이잔에서 태어나 팔레스타인에서 어린 시절을 보낸 미국의 수메르 문명 연구가 제카리아 시친의 주장에 따르면,

수메르 사람들은 이 행성을 니비루라 불렀습니다.

제카리아 시친

이 행성은 3천6백 년 주기의 타원 궤도를 그리면서 다른 행성들과 반대되는 방향으로 돌고, 태양계 전체를 관통하다가 지구에 접근할 때도 있다고 합니다.

시친이 해석한 점토 서판의 기록에 따르면, 수메르인들은 이 행성에 안누나키족이라는 외계인들이 산다고 생각했습니다.

안누나키는 수메르어로 '하늘에서 내려온 사람들'이라는 뜻입니다.

이 외계인들은 키가 3미터에서 4미터에 달했고 수명이 수백 살이었다고 합니다.

안녕, 꼬마들아?!
우리도 다 큰 어른이야! 스물두 살이나 됐다고!!!
난 이백쉰 네 살이야.
미안합니다!!!

그런데 지금으로부터 약 40만 년 전에 안누나키족은 파멸의 겨울을 예고하는 기상 이변을 겪었습니다.

그런데 금을 어디서 구하죠?

그들들은 대기의 위쪽 부분에 금가루를 뿌려서 인공 구름을 만들어 내는 방법을 생각해 냈습니다.

105

헤라클레스

그는 제우스가 절세가인 알크메네와 결합하여 낳은 아들입니다. 제우스는 그녀의 남편이 원정을 떠난 사이에 남편으로 변신하여 그녀와 동침했습니다.

10. 게리온의 소 떼 훔치기 : 게리온은 세 사람을 합쳐 놓은 거인으로서 망망대해 너머의 서쪽에 있는 섬에서 많은 소를 기르며 살고 있었다.

11. 헤스페리데스의 정원의 황금 사과 따오기 : 이 사과는 대지의 여신 가이아가 헤라에게 결혼 선물로 준 사과나무에서 열린 것이었다.

12. 저승을 지키는 개 케르베로스를 지상으로 데려오기

헤라클레스는 가장 어려운 이 과업을 수행하기 위해 저승에 안전하게 가는 법을 가르치는 엘레우시스 신비 의식에 입문했다.

선발

예전에 미국 중앙 정보부에서는 첩보 요원이 될 사람들을 선발하기 위해서 여러 가지 방법을 사용했습니다.

그중에는 아주 간단한 방법도 하나 있었죠. 먼저 신문에 구인 광고를 냅니다. 이 광고에는 시험을 본다거나 서류를 제출하라는 얘기가 없습니다.

누구든 관심이 있으면 모일 아침 7시에 모처의 사무실로 오라고 되어 있을 뿐입니다.

그러고 나면 백여 명의 후보자들이 찾아와 대기실에서 함께 기다립니다. 하지만 한 시간이 지나도록 아무도 그들을 데리러 오지 않습니다.

다시 한 시간이 흐릅니다.

참을성이 없는 후보자들은 기다림에 지쳐서,

…고 투덜대면서 자리를 뜹니다.

오후 1시쯤 되면 반수 이상이 문을 닫으며 가버립니다.

오후 5시쯤이면 4분의 1 정도만 남게 됩니다.

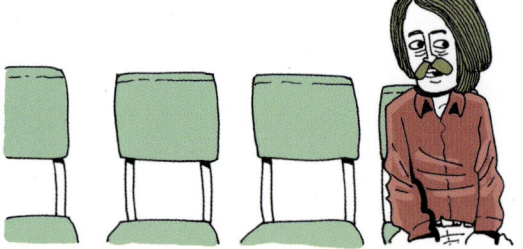

마침내 자정이 됩니다.
그때까지 버티고 있는
사람은 한두 명뿐입니다.

그들은 자동적으로 고용됩니다.

아르키메데스

당시에 시라쿠사는 그리스 문화권에 속해 있으면서도 카르타고의 영향을 받고 있던 문명의 교차로였습니다.

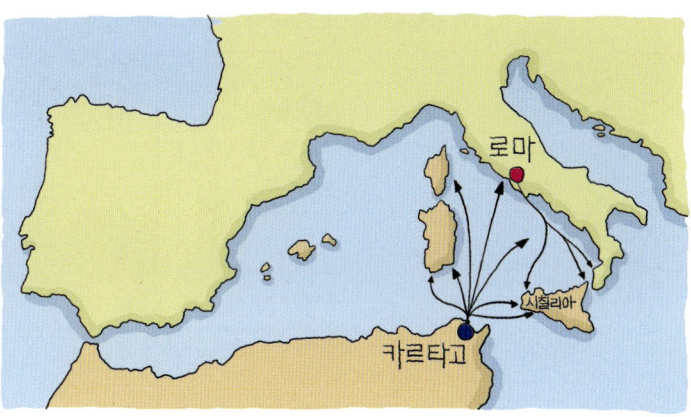

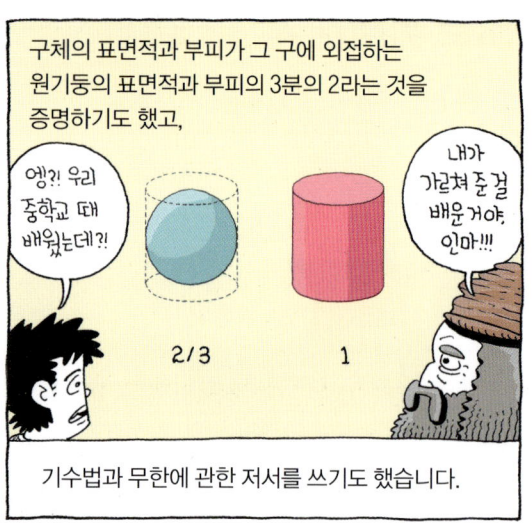

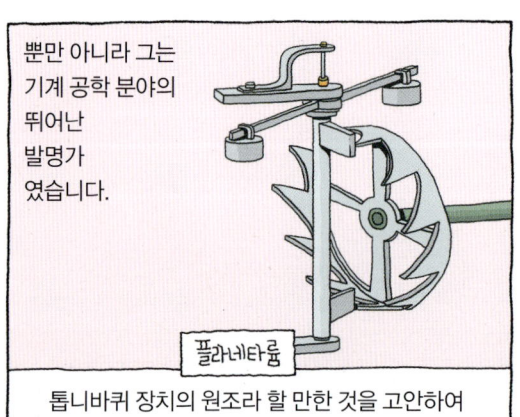

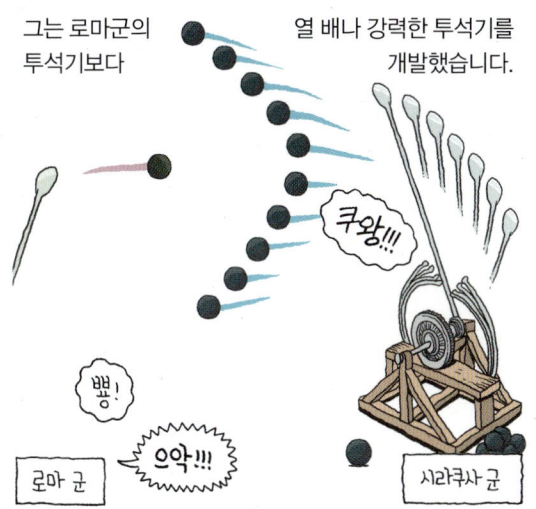

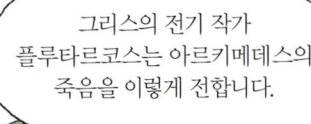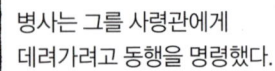

아르망에 대한 딸과 아내의 고마움은 이루 말할 수가 없습니다. 하지만 정작 은혜를 입은 페리숑씨의 태도는 다릅니다.

처음엔 생명의 은인에게 고마움을 표시하더니

이런 식입니다.

이튿날 페리숑 씨는 두 번째 젊은이 다니엘과 함께 가이드를 따라 몽블랑 아래의 빙하 쪽으로 트레킹을 나갑니다.

도중에 다니엘은 발을 헛디뎌 크레바스로 추락할 위기를 맞습니다.

이때 페리숑 씨가 피켈을 내밀어 잡게 하고 가이드와 함께 그를 끌어냅니다.

산장으로 돌아온 페리숑 씨는 딸과 아내 앞에서 자랑스럽게 그 일을 떠벌립니다.
다니엘은…

…라면서 아낌없는 찬사로 그를 거듭니다.

당연한 얘기지만 페리숑 씨는 아르망보다…

다니엘에게 관심을 갖도록 딸을 부추깁니다.

그가 보기에 다니엘은 무척이나 호감이 가는 젊은이입니다.

반면에 아르망이 자기를 도와준 일은 갈수록 불필요했던 일로만 여겨지죠.

급기야는 아르망이 자기를 도와주었다는 사실조차 의심하기에 이릅니다.

외젠 라비슈가 이 희극을 통해 예증하듯이,

세상에는 남에게 은혜를 입거나 신세를 지고도 고마워할 줄 모르는 사람들이 많습니다.

고마움을 모르는 것으로 그치지 않고 자기를 도와준 사람들을 미워하는 자들도 있습니다.

그것은 아마도 도와준 사람들에게 빚을 진 기분으로 살아야 한다는 것이 싫기 때문일 것입니다.

반면에 우리는 우리자신이 도와준 사람들을 좋아합니다.

우리의 선행을 자랑스러워하고 그들이 두고두고 감사하리라 확신하면서 말이죠.

메두사

포세이돈은 그녀에게 홀딱 반한 나머지 새로 변신하여 그녀를 납치했습니다.

메두사는 본래 뛰어난 미모를 지닌 처녀였습니다. 특히 머릿결이 아름답기로 유명했죠.

포세이돈은 고약하게도 아테나 여신의 신전에서 그녀를 범했습니다.

이 신성 모독에 격분한 여신은 강력한 포세이돈을 탓하는 대신 한때 불경하게도 자신과 미모를 겨루려고 했던 메두사에게 분노를 돌렸습니다.

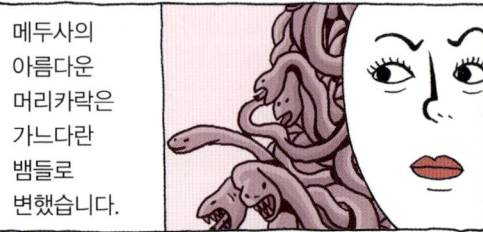

메두사의 아름다운 머리카락은 가느다란 뱀들로 변했습니다.

뿐만 아니라 입에는 멧돼지의 엄니가 돋았고

손에는 청동으로 된 손톱이 생겨났습니다.

그때부터 누구든 메두사의 눈을 똑바로 바라보는 자는 돌로 변하게 되었습니다.

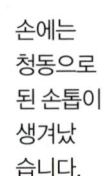

아테나는 그것으로도 성이 차지 않아서 메두사의 눈에 강한 독기를 불어넣었습니다.

아테나는 그녀를 죽이려고 페르세우스를 보냈습니다.

페르세우스는 윤이 나는 방패를 거울처럼 사용하여 괴물의 눈을 직접 바라보는 것을 피했습니다.

그러면서 메두사에게 다가들어 목을 잘랐습니다.

목이 잘린 메두사의 몸뚱이에서 '황금 칼의 남자' 크리사오르와 페가소스가 솟아났습니다.

페르세우스는 메두사의 머리를 아테나 여신에게 바쳤고, 여신은 나중에 이것을 자기 방패 한복판에다 장식으로 박았습니다.

한편 아테나는 메두사의 목에서 받아 낸 피를 의술의 신 아스클레피오스에게 주었습니다.

메두사의 왼쪽 혈관에서 나온 피는 심한 독기를 품고 있었지만, 오른쪽 혈관에서 나온 피는 죽은 사람에게 다시 생명을 주는 효험이 있었습니다.

고대 그리스의 지리학자이자 역사가인 파우사니아스에 따르면,

메두사는 리비아의 트리토니스 호수 근처에서 실제로 살았던 여왕이라고 합니다.

이 여왕은 펠로폰네소스의 한 왕자에 맞서 전쟁을 벌이던 중에 살해되었습니다.

델포이

그래서 지구의 동단과 서단에서 독수리 두 마리를 날려 보내고 두 독수리가 만난 지점을 옴팔로스, 즉 〈세계의 배꼽〉으로 삼기로 했습니다.

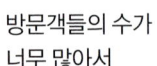

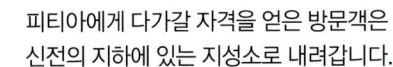

아무도 그녀를 볼 수는 없습니다.

그녀는 알아듣기 어려운 짤막하고 날카로운 외침으로 신탁을 전합니다.

그러면 배석한 〈예언자들〉이 그것을 알기 쉬운 말로 옮겨 줍니다.

이 신전을 찾아왔던 유명한 〈고객들〉 중에는 알렉산드로스 대왕과 리디아의 부유한 왕 크로이소스도 있었습니다.

알렉산드로스 대왕은 〈아무도 그대와 대적하지 못하리라〉는 신탁을 들었습니다.

크로이소스 왕은 페르시아를 상대로 전쟁을 벌여도 되는지 알고 싶어 했습니다. 피티아는…

크로이소스는 자신감을 얻고 전쟁을 일으켰지만

페르시아의 역공을 당하여 리디아의 수도는 함락되고 그는 포로가 되었습니다.

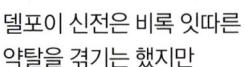

프로메테우스

그는 티탄 가운데 하나인 이아페토스의 아들입니다.
티탄들이 세계의 지배권을 놓고 제우스와 싸울 때…

그는 진흙과 물로 사람을 빚어냈습니다.
아테나 여신은 거기에 입김을 불어넣었습니다.

그리하여 황금의 종족, 은의 종족, 청동의 종족에 이어 철의 종족이라는 새로운 인류가 생겨났습니다.

어느 날 신들과 인간들이 커다란 소를 잡아 잔치를 벌였습니다. 이 자리에서 프로메테우스는 소고기를 둘로 나누면서 인간에게 살코기와 기름진 내장이 돌아가도록 제우스를 속였습니다.

제우스는 속임수를 알아차리고 분노하여 인간이 불을 사용하지 못하게 하기로 결심했습니다.

…라고 제우스는 말했죠.
그러나 프로메테우스는 인간이 불도 없이 살아가도록 내버려 두고 싶지 않았습니다.

그래서 이번에도 아테나의 도움을 받아 태양의 신 헬리오스의 마차에서 불을 훔쳐 냈습니다.
그런 다음 불씨를 감춰 인간에게 가져다주었죠.

릴리트

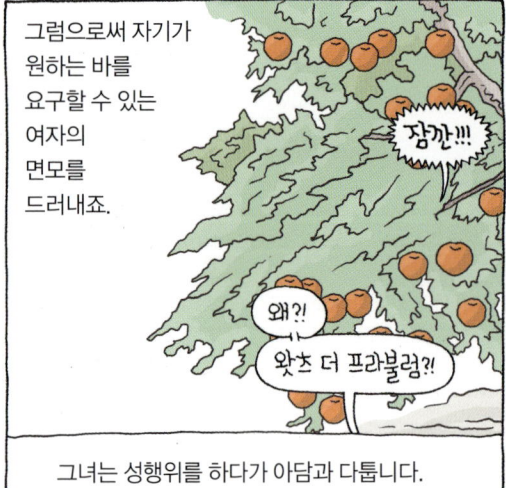

영혼 진화의 세 단계

십계명

군주들이나 장수들은 오랫동안 독단적으로 재판권을 행사했죠. 그들은 누구에게 의견을 묻거나 보고할 필요도 없이 그냥 자기들에게 도움이 되는 쪽으로 결정을 내렸습니다.

독립적인 사법 제도가 정착되는 데에는 많은 어려움이 있었습니다.

모세가 기원전 1300년경 하느님에게서 십계명을 받은 일은 독립적인 준거 체계의 출현을 의미합니다. 이 준거 체계를 바탕으로 개인의 정치적 이익에 기여하는 자의적인 법률이 아니라 모든 인간에게 예외 없이 적용되는 법률이 확립되어 갔습니다.

그런데 주목할 것은 십계명이 무엇을 하지 말라는 계율이 아니라는 사실입니다.

만약 십계명이 금지의 계율이라면, '살인을 하면 안된다', '도둑질을 하면 안 된다' 하는 식으로 작성되었을 것입니다.

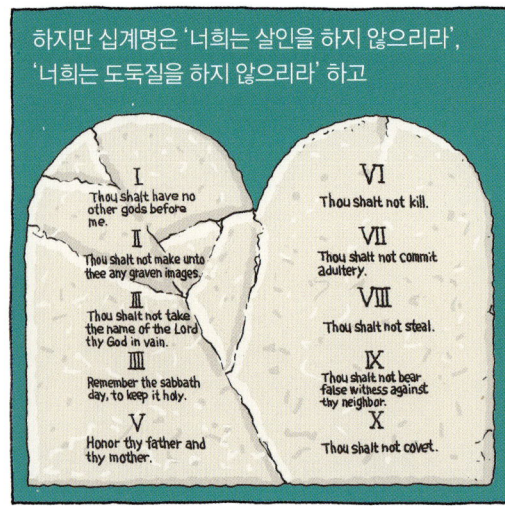

아나키즘 운동

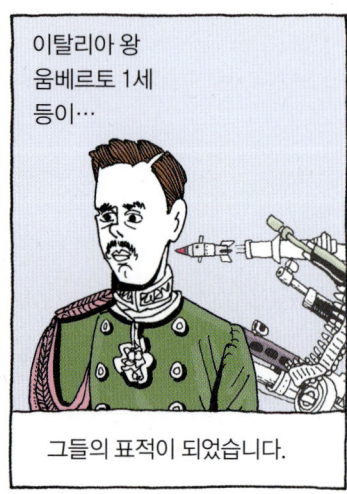

라틴아메리카에서는 아나키스트들의 공동체를 건설하려는 시도가 나타나기도 했죠.

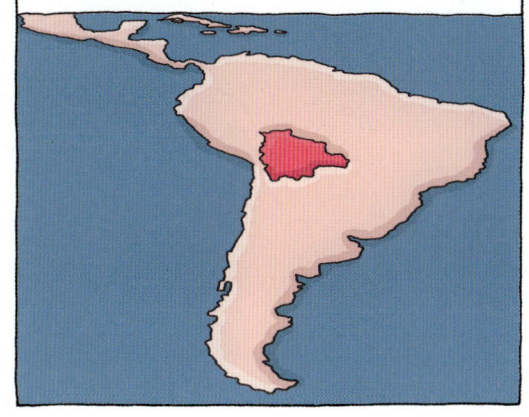

1890년 브라질 남부 파라나 주에 이탈리아 이민자들이 건설했던 콜로냐 세실리아,

1896년 파라과이에서 창설된 코스메 협동조합 등이 대표적인 사례입니다.

이탈리아에서는 제2차 세계 대전 중 레지스탕스 대원들이 카라라 근처에 아나키스트 공화국을 세우기도 했습니다.

이런 운동들은 대부분 진압되고 해체되었습니다.

사마귀

사마귀에 관한 실험도 그런 경우에 속하죠. 통설에 따르면 사마귀의 암컷은 교미가 끝난 뒤에 수컷을 잡아먹는다고 합니다.

이 잔인한 짝짓기는 학자들의 환상을 부채질했고,

그 결과 사마귀를 둘러싼 생물학적이고도 정신 분석학적인 신화가 생겨났습니다.

하지만 이 속설의 배후에는 사마귀의 행동에 대한 그릇된 해석이 자리하고 있습니다.

사마귀의 암컷이 수컷을 잡아먹는 것은 자연 상태에 놓여 있지 않을 때의 이야기입니다.

암컷은 교미가 끝나면 원기를 회복하고 알을 낳는 데 필요한 단백질을 얻기 위해 주위에 있는 먹이를 닥치는 대로 삼킵니다.

시각화

눈을 감고 자기 삶의 가장 고통스러운 순간을 머릿속에 그리게 하는 방법입니다.
환자는 그 순간을 사소한 것까지 낱낱이 묘사함으로써 모든 것을 생생하게 다시 경험해야 합니다.

심리 치료와 최면 요법에서 사용하는 문제 해결 방법 가운데 시각화라는 것이 있습니다.

이 단계에서 중요한 것은 환자가 진실을 말하는 것입니다.

동생이랑 나랑 손을 잡고 골목 어귀에서 울고 있어요.

환자는 자기 과거를 미화하거나 과거의 고통을 견뎌 내기 위해서

엄마랑 아빠가 왜 싸우냐면요?…

지어낸 거짓말에 다시 이끌리지 말아야 합니다.

아빠가 엄마에게 선물해 준 하나밖에 없는 목걸이를 제가 가지고 놀다가 그만… 잃어버렸거든요!

엄마, 아빠는 제가 그런 줄 몰라요, 엉엉!

환자가 어린 시절의 비극적인 사건을 이야기하고 나면,

과거 속의 깡순 씨를 도와주기 위해 어른이 된 깡순 씨 자신을 보내세요.

꺼이~ 꺼이~

어디 팔아 먹은 거 아니야?

당신이랑 못 살아!

그러면서 환자는 아이를 만나는 장면과 자기가 아이를 위해서 무엇을 하는지 묘사합니다.

마사다

기원전 2세기에 셀레우코스 왕국의 지배에 맞서 유대의 독립을 쟁취했던 하스몬 가문의 왕자들이 이곳을 수비대의 주둔지로 삼음으로써 요새로 만들어지기 시작했습니다.

마사다는 이스라엘 유대 사막의 깎아지른 절벽 위에 있었던 요새입니다.

헉! 헉!

1세기의 유대인 역사가 플라비우스 요세푸스의 기록에 따르면, 본격적인 요새를 건설한 것은 기원전 1세기 후반에 유대를 지배했던 헤로데 왕입니다.

휴~

헤로데 왕

1세기

헤로데 왕은 유대인이 아니고 에돔 출신의 로마 지방 장관 안티파테로스의 아들이었지만,

세금 확실히 걷어! 국가 예산이 빵꾸 났어!

공기업 민영화가 있습니다!

로마인들은 조세 징수를 확실히 하기 위해 그를 유대 왕국의 왕으로 삼았습니다.

66년 로마 제국의 식민 통치에 폭력 투쟁으로 맞설 것을 주장하던 열심당원들이 예루살렘에서 반란을 일으켰습니다.

국민이 봉이냐?!
재벌 개혁 하라!!!
부자 증세!!!
민영화 반대!!!

66년

이때 그들 가운데 일부는 성벽 밑을 지나는 땅굴을 통해 아내와 자식들을 데리고 탈출했습니다.

어서!!!

이것이 그 유명한 대한민국식 개구멍 탈출!!!

재밌어요, 아빠!

그들은 마사다에 다다라 거기에 주둔하고 있던
로마 수비대를 물리쳤습니다.

이어서 로마인들과 타협한 공식적인
유대교를 거부하는 에세네파 유대인들이
그 반란 집단에 합류했습니다.

에세네파는 예수에게 세례를 주고
나중에 유대 왕비 헤로디아의 딸 살로메의
요청에 따라 목이 잘렸던 예언자를
배출한 유대인 공동체입니다.

마사다 요새에서 에세네파와 열심당원들은 자유롭고
평등한 자주 관리 공동체를 건설했습니다.

70년, 유대인들의 대반란을 진압하고 예루살렘을 함락한 로마인들은

마사다 요새를 반란자들의 소굴로 여기고 소탕 작전에 나서기로 했습니다.

로마의 유대 주둔군 사령관 실바 장군이 10군단을 이끌고
유대 왕국의 마지막 자유인들을 토벌하기 위해 진군했습니다.
마사다 농성전은 3년에 걸쳐 계속되었습니다.
에세네파와 열심당원들의 공동체는
로마군에 맞서 끈질기게
저항했습니다.

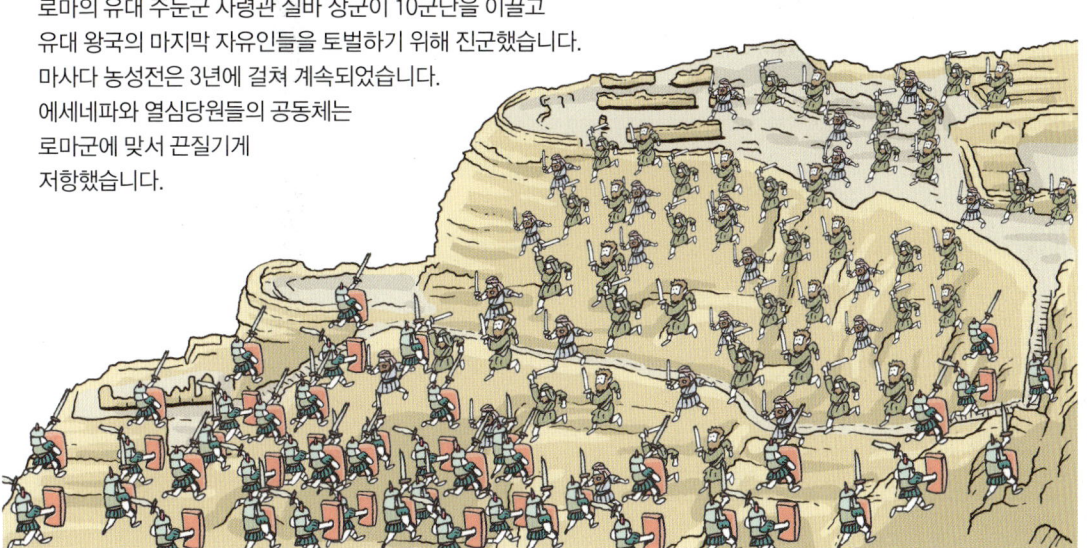

레밍

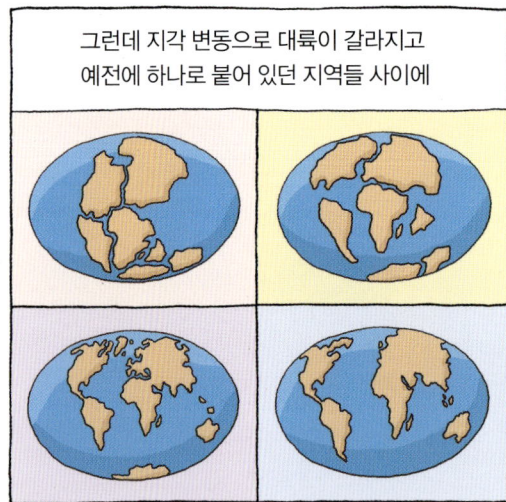

그런데 지각 변동으로 대륙이 갈라지고 예전에 하나로 붙어 있던 지역들 사이에

절벽이 생겨났습니다.

그러고 나서 몇 세기가 흐른 뒤에도

레밍들의 유전자 속에는 이동 경로를 알려 주던 옛날의 지도가 그대로 남아 있었죠.

그래서 레밍들은 절벽이 있는 것을 아랑곳하지 않고 저희가 가던 길을 계속 가려고 한다는 것입니다.

우리가 찾던 **유토피아**로!

나그네 쥐, 레밍.

나그네길 같은 우리 인생!

우리가 언젠가 결국 죽는다 해도…

어디론가… 가던 길을 가는 것일 수도…

김수박 씨 다음 페이지 빨리 안 그리고 또 상념에 빠지셨네!

헉! 여기는 7층인데?!

말에게 속삭이는 사람

이들은 말 사육장에 고용되어 심리적으로 불안정한 말들, 특히 경주마들을 안심시키는 역할을 합니다.

똑똑한 말일수록 외부 세계를 발견하고자 하는 욕구가 강하기 때문에 그런 속박을 잘 견디지 못합니다.

헤라

헤라와 제우스의 결혼에 관한 전설에 따르면, 헤라가 크레타 섬의 토르낙스 산(일명 '뻐꾸기 산')에서 산보를 하고 있을 때…

제우스가 비에 젖은 뻐꾸기로 변신하여 헤라를 유혹했다고 합니다.

헤라는 그 치욕스러운 일을 감추기 위해 제우스의 아내가 되는 길을 선택했습니다.

가이아는 그들의 결혼을 기념하기 위해 황금 사과가 열리는 나무를 선물했습니다. 그들의 신혼 초야는 3백 년 동안 지속되었죠.

스핑크스

이집트, 메소포타미아, 그리스, 동남아시아 등
여러 문명에서 찾아볼 수 있습니다. 고대 그리스인들은
그런 괴물을 '목 졸라 죽이는 자'라는 뜻의
스핑크스라고 불렀습니다.

고대 이집트에서 스핑크스는
신전이나 왕릉의 입구를
지키는 신성한
존재였습니다.
사자의 몸에 붙은
사람의 머리는 대개
파라오의 모습을
하고 있었죠.

백수의 왕인 사자와 신격화한 파라오를 합쳐
왕이나 신을 수호하는 상징물로 만든 것입니다.
이집트 스핑크스의 얼굴에는 대개
붉은색이 칠해져 있었습니다.

그것들 가운데 가장 널리 알려진 대스핑크스는 떠오르는 태양을
바라볼 수 있도록 정동방을 향해 앉아 있습니다. 이집트인들은
스핑크스가 우주의 비밀을 알고 있다고 여겼으며
스핑크스가 지키는 문턱을 넘어서면
일체의 금기와 제약으로부터
벗어난다고 생각했습니다.

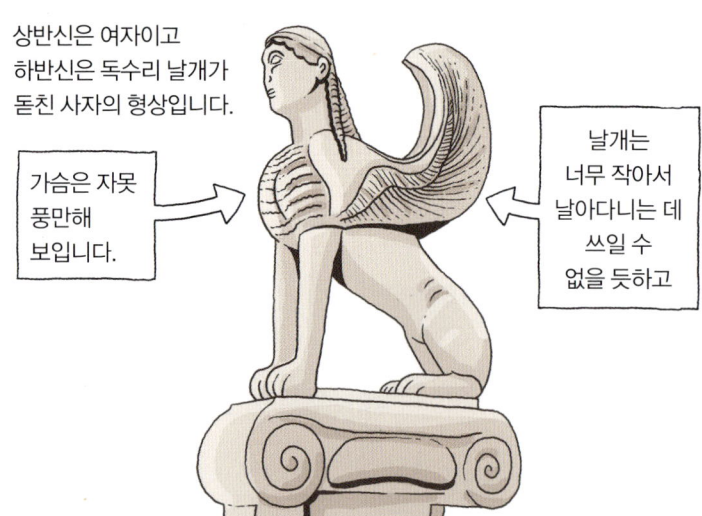

피터의 원리

제우스

제우스는 티탄 크로노스와 레아의 셋째 아들이죠. 크로노스는 자식에게 권력을 빼앗길까 저어하며 자식들이 태어나는 족족 삼켜 버렸죠.

거기에서 어린 제우스는 암염소 요정들의 보살핌을 받으면서 자랐고…

제우스는 성년이 되자 책략이 비상한 여신 메티스의 도움을 받아 아버지가 삼킨 형제자매들을 되살려 냈습니다.

검투사

이 유명한 말은 로마 시대에 원형 경기장에서 벌어지던 검투사 경기의 인기가 얼마나 대단했는지를 짐작하게 합니다.

가장 규모가 큰 원형 경기장은 로마의 콜로세움이었습니다. 이 경기장을 기념하기 위해 백 일 동안 경기가 벌어집니다. 경기자들은 무수히 죽어 나갔습니다.

콜로세움 한복판의 투기장은 나무 바닥에 모래를 깔아 놓은 구조로 되어 있었고, 지하 공간에는 검투사 대기실이며

맹수 우리며 경기용 장비나 소품들을 넣어 두는 창고가 마련되어 있었습니다.

판도라

제우스는 프로메테우스가 자기 뜻을 거역하고
인간들에게 불을 훔쳐다 주자 그 대가로
인간들에게 재앙을 내리기로 했습니다.

그는 헤파이스토스에게 흙과 물을 섞어 여신처럼
아름다운 여자를 만들라고 명령했습니다.
헤파이스토스가 여자를 빚어내자…

다른 신들은 제우스의 명령에 따라 저마다
여자에게 선물을 주거나 자기가 지닌 재능을
불어넣었습니다.

헤르메스는 여자의 마음속에 거짓과 속임수와
교활한 심성까지 담아 주었습니다.

그리하여 아름다움과 성적인 매력과 손재주와 언변
등을 고루 갖춘 여자 판도라가 세상에 나왔습니다.

판도라가 미처 상자 내부를 들여다보기도 전에 상자에서 무시무시한 울부짖음과 고통에 겨운 흐느낌이 새어 나왔습니다.

판도라는 겁에 질린 채 흠칫 물러섰습니다.

그때 상자에서 증오, 질투, 잔인성, 분노,

굶주림, 가난, 고통, 질병, 노화 등 장차 인간이 겪게 될 온갖 재앙이 쏟아져 나왔습니다.

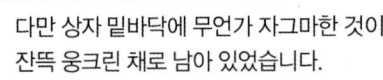

판도라는 뚜껑을 도로 닫았습니다.

그러나 이미 온갖 불행이 인간들 사이로 퍼져 나간 뒤였죠.

다만 상자 밑바닥에 무언가 자그마한 것이 잔뜩 웅크린 채로 남아 있었습니다.

그것은 희망이었습니다.

그 뒤로 인간들은 갖가지 불행에 시달리면서도 희망만은 고이고이 간직하게 되었습니다.

네로

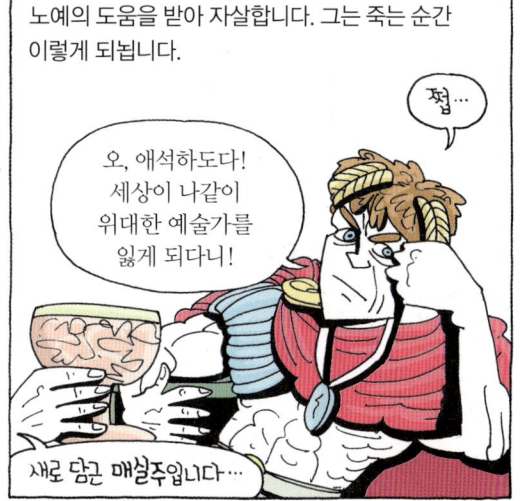

아폴론

누이동생은 자신의 상징으로 달을 골랐고, 그는 태양을 선택합니다. 훤칠한 키에 치렁치렁한 금발의 미남인 그는 올림포스 신들로부터 사랑을 듬뿍 받습니다.

또 보기 드문 장사인 데다가, 음악과 점술에까지 뛰어난 재능을 보이죠.

이때부터 그는 피톤 아폴론이라는 이름으로 불리게 되고,

그리고 델포이 신전에서 미래를 예언하는 여사제인 피티아의 이름도 모두 여기서 연유합니다.

못 말리는 바람둥이인 아폴론에게는 정부가 끊이지 않습니다.

왜 아니겠어요?! 그리스의 **남신** 이잖아!

애인 중에는 특히 님프가 많았는데, 그의 매력 앞에서도 버티는 여자가 있었으니

오빠! 싸인해 주세요!

저기요… 이봐요!

다프네

바로 다프네입니다.

그녀는 그에게서 벗어나고자 월계수로 변신해 버리니,

으데데데 깜짝이야!!!

펑!!!

슬퍼한 아폴론은 이를 자신의 나무로 삼습니다.

아폴론의 연인 중에는 히아킨토스, 키파리소스 같은 미소년들도 있었습니다. 이 두 연인의 죽음으로 마음이 갈가리 찢어진 아폴론은,

…… ……

아폴이 좋아했던 자들로 이루어진 정원

죽은 히아킨토스는 히아신스 꽃으로, 키파리소스는 사이프러스 나무로 변하게 합니다.

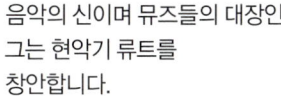

음악의 신이며 뮤즈들의 대장인 그는 현악기 류트를 창안합니다.

뛰이이!!!

그의 또 다른 악기인 리라는 원래 이복형제인 헤르메스의 것으로,

디리링

이걸루 여자친구 꼬실 수 있단 말이지!

그럼!!!

우와~!!!

헤르메스가 아폴론에게서 훔쳐간 암소 50마리를 포기한다는 조건으로 얻은 것이죠.

한번은 마르시아스라는 사티로스와 음악 시합을 벌입니다. 승자가 패자에게

원하는 벌을 내린다는 조건이었습니다.

양손으로 리라를 능란하게 연주하여 승리한 음악의 신은 마르시아스를 산 채로 가죽을 벗겼고,

또 도전자의 악기가 피리였으므로 사용을 금합니다.

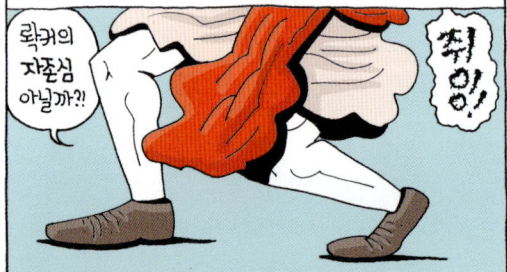

아폴론은 원래 아시아의 신이었을 것입니다.

이는 그가 신는 신이 그리스식 샌들이 아니라, 당시 아시아 나라들의 전형적인 신이었던 구두인 것을 보면 알 수 있습니다.

또 그는 올림포스의 제신 중 로마인들이 그리스식 이름을 그대로 사용한 유일한 신이기도 합니다.

로마인들은 제우스는 유피테르,

아프로디테는 비너스 등

그리스 신들을 자기네 식으로 개칭했는데 말입니다.

타지마할

그러니까 무굴 제국 황실이 황실 전용 시장을 일반에게 특별히 개방하는 연례행사 날이었습니다. 황실 하렘의 여인들은 시장에 와서 큰 소리로 떠들거나 백성들 틈에 섞여서 향, 화장품, 보석, 의복 등을 살 수도 있었습니다.

또 다른 손님들과도 얼마든지 대화를 나눌 수 있었습니다.

그렇게 사람들은 서로의 신분을 모르는 채로 대화를 나눴고,

젊은 귀공자들은 예쁜 아가씨를 유혹하기 위해 서로의 시(詩)를 겨루는 시합을 벌이곤 했습니다.

이해에 자한기르 황제의 아들인 쿠람 황자는 열여섯 살의 소년이었습니다.

용맹한 전사이자 기예에 출중한 미소년이었던 이 황자는 친구들과 함께 시장을 구경 나왔다가,

한 미소녀를 발견하게 됩니다. 마찬가지로 고귀한 혈통의 공주였던 아르주만드 바누베굼이었습니다.

황자는 그 자리에서 불같은 사랑에 빠집니다.

니므롯 왕

아라라트 산에 내려앉은 그의 자손들은 다시 땅 위에서 살기 시작했다고 합니다. 그들의 수는 급속히 증가했으며 세계의 각 평원에 퍼져 나갔습니다.

성경에 따르면, 노아가 기적의 배 덕분으로 인류를 구해 낼 수 있었던 대홍수가 지나간 뒤에

그들 중에 니므롯 왕이라는 카리스마 넘치는 지도자가 있었습니다.

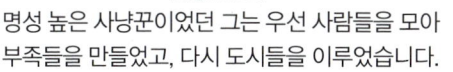

명성 높은 사냥꾼이었던 그는 우선 사람들을 모아 부족들을 만들었고, 다시 도시들을 이루었습니다.

그는 니네베와 바벨을 건설했으며, 대홍수 뒤에 군대와 경찰을 갖춘 최초의 국가를 조직했습니다.

히브리와 로마 역사가인 플라비우스 요세푸스가 저서 『유대 고대사』에서 주장하는 바에 의하면,

…고 약속하고는 기상천외한 계획을 추진하기 시작했습니다.

탑을 쌓는 공사를 하는 사람들이 더 이상 같은 언어로 말하지 못하도록 만들었고, 이로 인해 탑은 잘못 지어져 결국은 붕괴되었습니다.

또 니므롯 왕은 끔찍한 벌을 받게 되었습니다.

모기 한 마리가 그의 콧속으로 들어가 몹시 고통스러운 두통을 일으켰던 것입니다.

왕은 자신을 괴롭히는 모기를 다시 나오게 해볼 양으로 만나는 사람마다 자기의 머리통을 때려 달라고 부탁했다고 합니다.

이렇게 화살로 신을 맞히려 했던 사람이 모기라는, 모든 피조물 중에서 가장 작고도 약한 미물의 침에 의해 죽게 된 것입니다.

자긍심

자긍심에 관한 실험이 행해진 적이 있습니다.

먼저 사회학자들은 한 그룹의 젊은 남성들에게 아주 쉬운 교양 문제 테스트를 치르게 했습니다. 테스트를 쉽게 통과할 수 있었던 이 남성들은

이어서 젊은 여성들이 있는 방으로 자리를 옮깁니다.

그러면 테스트 통과자들, 즉 참가자 전원은 가장 예쁜 여자들에게 접근하는 모습을 보여 주었습니다.

다음에는 남성들에게 이번에는 어려운 문제들로 이루어진 테스트를 치르게 했습니다.

물론 이들은 모두 합격하지 못했죠.

이들을 젊은 여성들과 만나게 하면 한쪽 구석에 처박혀 있든지 가장 매력이 덜한 여성들에게 접근하는 모습을 보여 주었습니다.

젊은 여성들도 마찬가지의 반응을 보였습니다.

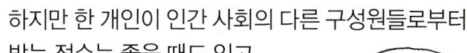

오이디푸스

부부는 델포이의 아폴론 신전을 찾아가고, 여사제는…

그리고 결국 진실을 알게 된 밀정들은
주군에게 무서운 진실을 밝힙니다.

이 소식을 들은 이오카스테는 목매달아 죽습니다.

고통으로 거의 실성하다시피 한 오이디푸스는
옥좌에서 내려와 자신의 두 눈을 멀게 합니다.

테베에서 쫓겨난 오이디푸스는 그를 끝까지
버리지 않은 딸 안티고네와 함께 구걸을 하며
세상을 떠돌아다닙니다.

먼 훗날 지그문트 프로이트는 어머니를
사랑하게 되어 아버지를 파괴하고 싶어 하는
사내아이들의 원초적 충동을 설명하기 위해
이 신화를 사용합니다.

인간의 멍청함

이 상의 수상자로는 매년 가장 멍청한 실수로 죽음으로써 열등한 유전자를 스스로 제거하여 인류 진화에 이바지한 사람이 선정됩니다.

미국의 기자 웬디 노스컷은 인간의 멍청함을 수집하기 위해 '다윈상'을 제정했습니다.

수상 후보자는 다음의 세 조건을 충족시켜야 했죠.

첫째 자신의 죽음에 스스로 원인을 제공할 것.

둘째, 정상적인 지적 능력을 지니고 있을 것.

셋째, 신문, 텔레비전 보도, 믿을 만한 사람의 증언 등 출처가 분명한 사건일 것.

다음은 수상자의 몇 예입니다.

1994년의 다윈상은 한 테러리스트에게 수여되었습니다. 그는 개봉하면 터지게 되어 있는 폭탄을 넣은 소포를 보내면서 우표를 충분히 붙이지 않았습니다.

그는 소포를 뜯어보았습니다.

소포는 집으로 반송되었고,

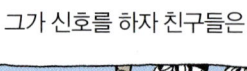

그는 아주 안락한 소파에다 직경 1미터 크기의 헬륨 풍선 45개를 매달았습니다. 그런 다음 샌드위치와 캔 맥주, 그리고 권총을 가지고서 소파에다 자기 몸을 묶었습니다.

그가 신호를 하자 친구들은 소파를 땅에다 매어 놓은 줄을 풀어 주었습니다.

그런데 소파는 그의 희망대로 지상 30미터에 머무르지 않고 5천 미터 고도까지 올라갔습니다.

하지만 겁에 질려 몸이 얼어붙은 월터스는 권총으로 풍선을 쏘지도 못했습니다.

그렇게 그는 로스앤젤리스 공항 레이더에 포착될 때까지 오랫동안 세찬 바람을 맞으며 구름 속을 떠돌아다녀야 했습니다.

마침내 용기를 내어 풍선 몇 개를 터뜨린 그는 지상에 내려올 수 있게 되었는데, 터진 풍선의 줄들이 고압선에 걸리는 통에

롱비치 전역에 정전 사태를 초래하게 되었습니다.

착륙 직후 그를 체포한 경찰이 왜 이런 짓을 했느냐고 묻자 그는 이렇게 대답했습니다.

하루 종일 아무 것도 안 하고 앉아 있을 수는 없잖소.

와-우! 멋진 아저씨!!! 저는 이 아저씨의 **팬**이 될래요!

하데스

크로노스가 패배한 후, 그의 세 아들은 우주를 나누어 가졌으니,
제우스는 하늘을, 포세이돈은 바다를 가졌고,
하데스는 지하 세계를 받았습니다.

199

하데스의 왕국인 지옥에는 다섯 개의 강이 흐르고 있습니다.

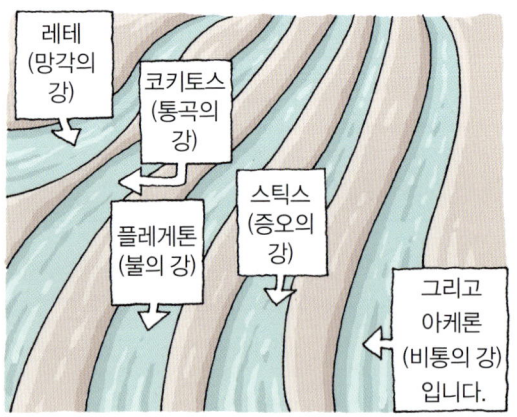

죽은 이들의 영혼은 뱃사공 카론의 배를 타고서 스틱스 강을 건너 지옥으로 갑니다.

영혼이 지옥에 들어가면서 거치는 단계는 돌아가는 것을 불가능하게 만드는 역류 방지 밸브인 셈이죠.

다시 지상으로 올라올 수 있었습니다.

하지만 이를 위해서는 큰 희생을 치러야 했습니다.

오르페우스는 그의 사랑 에우리디케를 잃습니다.

그래서 그는 땅을 열어 데메테르의 딸 젊은 페르세포네를 납치해 갑니다.

오르페우스

아폴론은 소년 오르페우스에게 일곱 개의 현이 있는 리라를 선물했는데, 여기에 그는 현 두 개를 더하여 구현금을 만들었습니다.

뮤즈들은 그에게 각종 예술을 가르쳤는데, 특히 작곡과 노래와 시 교육에 정성을 쏟았습니다.

오르페우스의 재능은 너무도 뛰어나 그가 리라를 연주하면 새들은 노래를 멈추고 귀를 기울였죠.

그의 음악을 들으려고 모든 짐승이 몰려오는데

늑대는 어린 양과, 여우는 산토끼와 어깨를 나란히 하고 달려왔습니다.

강들도 흐르기를 멈추었고, 물고기들까지 음악을 들으려고 물 밖으로 뛰어올랐습니다.

이집트를 여행하여 오시리스 밀의에 입문한 그는 비로소 오르페우스라는 이름을 갖게 되고

그리고 나서는 아르고호(號)의 영웅들과 함께 황금 양털을 찾으러 떠납니다.

그는 아름다운 노래로 영웅들이 노를 저을 때 힘을 북돋아 주고 풍랑을 잠재웁니다. 또 황금 양털을 지키는 콜키스의 용을 잠들게 하여 이아손이 임무를 완수할 수 있게 해줍니다.

이 모험을 마친 오르페우스는 아버지의 왕국에 정착하여 님프 에우리디케와 결혼합니다.

그는 죽은 아내에 대한 사랑을 애절하게 노래하며 서쪽을 향해 걷습니다. 그의 노래를 듣고 나무들조차 가지를 굽혀 지옥 입구를 가리켜 줍니다.

비탄에 빠진 오르페우스는 그녀를 구하고자 죽은 이들의 왕국을 찾아갑니다.

그는 리라를 켜서 맹견 케르베로스를 진정시켰고,

복수의 여신 에리니에스의 분노도 가라앉혔으며,

지옥에 갇힌 자들의 형벌을 잠시나마 멈추게 해주었습니다.

리라 연주에 감동한 하데스와 페르세포네는 에우리디케를 산 자들의 세계로 데려가도록 허락합니다.

하지만 명계의 신은 한 가지 조건을 내걸죠.

자네의 아내 에우리디케가 햇빛 아래 설 때까지는 절대로 몸을 돌려서는 안 된다는 것이야.

그렇게 에우리디케는 리라를 연주하는 남편의 뒤를 따라 지옥의 출구에 이르는 통로를 걷습니다.

드디어 밝은 지상에 도달한 오르페우스는

뒤에서 발자국 소리가 들리지 않는 것이 불안하여

에우리디케가 여전히 따라오고 있는지 확인하려고

고개를 돌리고 맙니다.

아내에게 던진 이 단 한 번의 시선이

지금까지의 모든 노력을 물거품으로 만들어 버립니다.

이제 에우리디케를 영원히 잃게 된 것이죠.

한 줄기의 미풍이 마지막 키스인 양 그의 이마를 스칠 뿐이었습니다.

트라키아에 돌아온 오르페우스는 은자가 되어 아침부터 밤까지 잃어버린 사랑을 노래하며 세월을 보냈습니다.

세 개의 체

어느 날 어떤 사람이 소크라테스를 찾아와 말했습니다.

여봐. 방금 자네 친구에 대해 어떤 얘기를 들었는데 말이야.

잠깐!!!

슉!!!

소크라테스가 그의 입을 막았습니다.

잠깐만! 내게 그 얘기를 해주기 전에 우선 시험을 세 개 통과해 줬으면 좋겠네. 세 개의 체라는 시험일세.

세 개의 체!

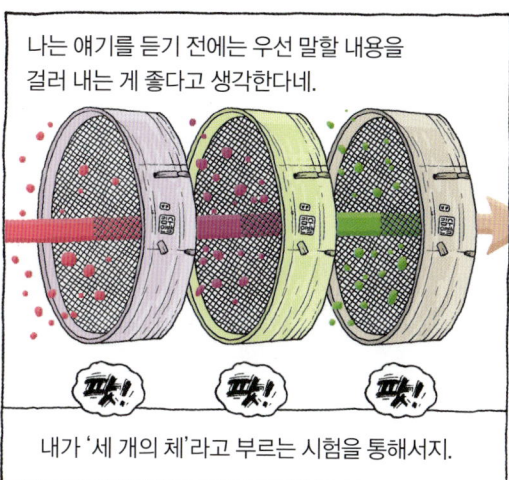

나는 얘기를 듣기 전에는 우선 말할 내용을 걸러 내는 게 좋다고 생각한다네.

팟! 팟! 팟!

내가 '세 개의 체'라고 부르는 시험을 통해서지.

첫 번째 체는 진실의 체일세.

자네가 내게 얘기해 줄 내용이 진실인지 확인했는가?

아니. 그냥 사람들이 말하는 걸 들었을 뿐이야.

좋아. 그럼 자네는 그 얘기가 진실인지 모른다는 말이지.

그럼 두 번째 체를 사용하여 다른 식으로 걸러 보세.

고양이와 개

자아 성찰의 계기

하지만 자기 자신이 행복하다고 믿을 때는 그런 제약을 문제 삼지 않죠.

물론 대부분의 사람들은 두려움을 견디지 못하고

이내 다른 감옥을 찾아 나섭니다.

이혼한 사람들은 서둘러 재혼을 하고, 일자리를 잃은 사람들은 훨씬 더 힘든 일을 받아들입니다.

그렇기는 해도, 이런 계기가 찾아온 순간부터 다른 감옥을 찾아낼 때까지,

사람들은 스스로를 냉철하게 되돌아볼 수 있는 약간의 시간을 갖게 됩니다.

그때 사람들은 진정한 자유가 무엇인지를 어렴풋하게나마 깨닫습니다.

대개는 그것에 겁을 먹기가 십상이지만 말입니다.

모든 것

모든 것은 하나 안에 있다. (아브라함)

모든 것은 사랑이다. (예수 그리스도)

모든 것은 성과 관련되어 있다.
(지그문트 프로이트)

모든 것은 경제와 관련되어 있다.
(칼 마르크스)

모든 것은 상대적이다.
(알버트 아인슈타인)

그다음에는?

사랑해!